Dieses Buch kann alleine lesen:

_____

Die schönsten Freundinnen-Silben-Geschichten

Silbe für Silbe zum Lese-Erfolg

Liebe Eltern,

Leseanfänger lesen langsam. Sie müssen jedes Wort Buchstabe für Buchstabe, Silbe für Silbe erlesen. Alle Wörter der Geschichten in diesem Band sind in farbigen Silben markiert. Diese kurzen Buchstabengruppen können Leseanfänger schneller erfassen als das ganze Wort.

Bei den markierten Silben handelt es sich um Sprechsilben. Das heißt, die Wörter sind so in Silben aufgeteilt, wie sie gesprochen werden. Die Sprechsilben entsprechen fast immer auch der möglichen Worttrennung, also den Schreibsilben.

Nur bei der Trennung einzelner Vokale gibt es einen Unterschied: Nach den aktuellen Rechtschreibregeln werden einzelne Vokale am Wortanfang oder -ende nicht abgetrennt. Beim Sprechen unterteilen wir solche Wörter jedoch in mehrere Silben, daher sind sie in diesem Band ebenfalls mit unterschiedlichen Farben markiert: Oma, Radio.

Ihnen und Ihrem Kind viel Spaß beim Lesen!

Inhalt

9 Paula und Nele halten zusammen

35 Alles, nur nicht Pink!

61 Zwei Freundinnen auf dem Ponyhof

86 Lesen lernen mit der Lesemaus

Viel Spaß!

Paula und Nele halten zusammen

Eine Geschichte von Katja Reider
mit Bildern von Karin Schliehe und
Bernhard Mark

Neue Plätze

Paula und Nele sitzen nebeneinander
in der Klasse 1b.
Sie kennen schon alle Buchstaben.
Und ein bisschen lesen können sie auch.
Die Klassenlehrerin der 1b heißt
Frau Sprosse und ist richtig nett.
Bei der Einschulung hat Frau Sprosse
alle Kinder gefragt, ob sie
Geschwister haben.

Als Paula an der Reihe war,
hat sie den Kopf geschüttelt und gesagt:
„Nö, aber das macht nichts.
Ich habe ja Nele!"
Paula findet, Nele ist viel besser
als eine Schwester.
Nele ist die beste Freundin der Welt!
Immer schon.

Als Paula ein Baby war, hat Neles
Mama auf sie beide aufgepasst.
Paulas Mama ging wieder arbeiten.
Natürlich besuchten Paula und
Nele den gleichen Kindergarten.
Und natürlich kamen sie
in dieselbe Schule.
In die Klasse von Frau Sprosse.
Für heute hat Frau Sprosse
eine Überraschung angekündigt.
„Heute setzen wir uns um!", ruft sie.
„Alle Kinder bekommen einen neuen
Platznachbarn! Also, neben wem
möchtest du sitzen, Paula?"
„Neben Nele!", sagt Paula.

Frau Sprosse lächelt.
„Aber Paula! Ihr wollt doch auch
die anderen Kinder kennenlernen!"
„Nö", sagt Paula.
„Doch", sagt Nele.
Paula starrt ihre
Freundin an.

„Ich würde gerne mal neben
Marie sitzen", flüstert Nele.
Marie nickt eifrig.
Nele guckt nicht
zu Paula rüber.
Eilig packt sie ihre
Sachen zusammen
und setzt sich auf
ihren neuen Platz.
An Paulas Tisch
zieht Paul ein.
Paul, der meistens
Monster-Shirts trägt und
nach Leberwurst und Eibrot riecht!
Paul wollte neben Paula sitzen,
weil ihre Namen so ähnlich sind.
Das fand er lustig.
Paula findet überhaupt
nichts mehr lustig.

Leserätsel

Kreuze an, was richtig ist:

Paula und Nele gehen

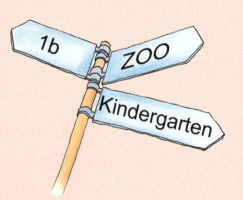

- [X] in den Kindergarten.
- [E] in den Zoo.
- [N] in die Klasse 1b.

Die Klassenlehrerin von Paula heißt

- [X] Frau Sprotte.
- [E] Frau Sprosse.
- [S] Frau Prosse.

Und was ist hier richtig?

- [U] Paula hat eine Schwester.
- [O] Paula hat einen Bruder.
- [L] Paula hat keine Geschwister.

Wo will Paula sitzen?

- [A] Paula will gerne neben Paul sitzen.
- [B] Paula will neben Marie sitzen.
- [E] Paula will neben Nele sitzen.

Die Buchstaben neben den richtigen Antworten verraten, wie Paulas beste Freundin heißt:

__ __ __ __

Das Wasserglas

Paula schaut zu Nele und Marie hinüber.
Die beiden flüstern miteinander.
Paula versteht die Welt nicht mehr.
Warum lässt Nele sie im Stich?
Endlich klingelt es zur Pause.
Nele kommt zögernd
auf Paula zu.
„Sei nicht sauer!",
bittet sie.

„Marie ist wirklich nett und …"
„Ich hab's kapiert", sagt Paula. „Tschüss!"
Sie dreht sich um und geht weg.
Wie schrecklich lang die Pause ist,
wenn man allein herumsteht!
Allein und traurig und wütend.
In der nächsten Stunde soll die Klasse
mit Tuschfarben ein Bild malen.
Ein Tier aus dem Urwald.

19

Paula schielt zu Nele hinüber.
Malen ist Neles Lieblingsfach.
Eifrig pinselt sie an einem Elefanten herum.

Frau Sprosse hält Neles Bild hoch.
„Das sieht ja toll aus!"
Nele strahlt vor Stolz.
Frau Sprosse blickt auf die Uhr.
„Oje!", sagt sie. „Wir müssen in den
Musikraum. Ihr räumt die Malsachen
hinterher weg, ja?"
Als Letzte schleicht Paula zur Tür.
Sie muss an Neles neuem Platz vorbei.
Da liegt das Bild mit dem Elefanten!
Direkt neben dem Wasserglas.
Und plötzlich, ohne es
richtig zu wollen,
streckt Paula
die Hand aus.

Ein kleiner Schubs, und Neles
Elefant schwimmt im braunen
Tuschwasser …
Paula rennt hinaus.
Beim Flöten trifft sie heute
keinen Ton.
Endlich geht es zurück
ins Klassenzimmer.
Gleich wird Nele ihr Bild entdecken!
Gleich. Jetzt!
„Mein schönes Bild!
Wer war das?", schreit Nele.
Keiner sagt etwas.
Plötzlich zeigt Nele auf Marie.
„Du warst als Einzige zwischendurch
hier drin, um dir Taschentücher
zu holen!"

Leserätsel

Kreuze an, was richtig ist:

- [M] Paula ist sauber.
- [B] Paula ist sauer.
- [N] Paula will einen Staubsauger haben.

Was soll die Klasse malen?

- [G] Eine Pflanze aus dem Urwald
- [R] Ein Lieblingstier
- [I] Ein Tier aus dem Urwald

Welches Instrument spielt Paula?

- [A] Klavier
- [L] Flöte
- [S] Gitarre
- [T] Schlagzeug

Was ist passiert?

- [S] Nele hat das Wasserglas umgekippt.
- [T] Marie hat das Wasserglas umgekippt.
- [D] Paula hat das Wasserglas umgekippt.

Die Buchstaben neben den richtigen Antworten verraten, was zerstört wurde:

Neles __ __ __ __ !

Die weltbeste Freundin

„Hast du das Wasser umgekippt?",

fragt Nele.

Marie ist blass geworden.

„Nein!", ruft sie erschrocken.

„Ehrlich!"

Nele glaubt ihr nicht.

Paula merkt es. Alle merken es.

Schon schießen Marie Tränen

in die Augen. Da holt Paula tief Luft.

Eins will sie niemals sein: feige!

„Ich habe das Glas umgekippt!",

stößt Paula hervor.

Nele starrt sie an. „Du?"

Paula nickt.

„Kommst du mit raus? Bitte!"

Nele folgt ihr vor die Tür.

Da stehen sie nun.

Dicht beieinander. Und ganz fern.

„Ich war so sauer auf dich!",
flüstert Paula endlich.

„Ich wollte dir längst sagen,
dass wir doch auch mal mit anderen
spielen können. Aber ich hab mich
nicht getraut", murmelt Nele.

„Hm", macht Paula.

„Wär vielleicht wirklich nicht schlecht."

„Du bleibst meine weltbeste Freundin!",
sagt Nele schnell.

„Und du meine."

Sie kichern.

„Ob Marie Lust hat, sich nachher
mit uns zu verabreden?", fragt Paula.

„Wir fragen sie", lacht Nele und
zieht Paula mit sich davon.

Meine Schulklasse

Hier kannst du alles über deine Klasse eintragen:

Ich heiße _Emmi Kellne_.

Ich bin _6_ Jahre alt.

Geburtstag habe ich am _11.6.2015_.

Ich gehe in die Klasse _2C_.

Die Schule heißt _Gehlstorfer Schule_.

Mein Klassenlehrer / meine Klassenlehrerin heißt _Frau Torr_.

In meiner Klasse sind _23_ Kinder: _11_ Mädchen und _12_ Jungen.

Ich sitze neben

Greta.

Ich würde auch gerne neben

Paulina und Emily sitzen.

Meine beste Freundin in der Klasse ist

Pauline und Emily.

Mein bester Freund in der Klasse ist

Alexander und Anton und.

Ich spiele auch ein Instrument.

☐ Nein.

☒ Ja, und zwar _Trommel_.

Als Tier aus dem Urwald hätte

ich gemalt:

Ein Elefand

Lösungen

S. 16/17:
Paula und Nele gehen in die Klasse 1b.
Die Klassenlehrerin von Paula heißt Frau Sprosse.
Paula hat keine Geschwister.
Paula will neben Nele sitzen.
Lösungswort: NELE.

S. 24/25:
Paula ist sauer.
Die Klasse soll ein Tier aus dem Urwald malen.
Paula spielt Flöte.
Paula hat das Wasserglas umgekippt.
Lösungswort: BILD.

Alles, nur nicht Pink!

Eine Geschichte von Ursel Scheffler
mit Bildern von Marion Elitez

Fußball und Klamotten

Seit dem letzten Herbst
sind Anna und Lucy in der 2a.
Genau wie Karla, Mia,
Anton, Ali, Pit und Olli.
Weil sie nah beieinanderwohnen,
treffen sie sich morgens auf dem Schulweg.
Früher sind sie immer alle
gemeinsam gegangen.

Aber jetzt rennen die Jungen
meist vorweg.
Sie tauschen Fußballbilder,
reden über Autos oder über
die Bundesliga.
Männersachen eben.
Die Mädchen laufen langsamer hinterher.
Sie haben sich eine Menge zu erzählen.

„Meine Tante Mara ist beim Fernsehen.
Die hat total coole Klamotten!",
erzählt Lucy.
„Mein Onkel Max ist Bauchredner!",
kichert Mia. „Der kann seinen Stoffraben
pupsen lassen."
Das finden die anderen noch toller!

„Wartet einen Augenblick", sagt Karla, als sie beim Kiosk vorbeikommen. „Ich hole mir einen Müsliriegel." Lucy blättert in einer Modezeitschrift. „Dafür wäre mir mein Taschengeld zu schade", sagt Anna. „Komm, wir müssen weiter!"

In der großen Pause spielt Karla
mit den Jungen Fußball.
„Hast du gesehen, wie Karla
dem frechen Anton den Ball
abgeluchst hat?", sagt Mia zu Anna.
„Toll!"

Und dann reden sie über die Jungs.
„Ich finde Olli am besten", sagt Mia.
„Und ich Ali", sagt Anna.
„Der muss immer die alten Klamotten
von seinem großen Bruder auftragen",
sagt Lucy und rümpft die Nase.
„Darauf kommt es doch nicht an!",
sagt Anna.
„Also, ich finde Klamotten schon wichtig",
sagt Lucy. „Heute Nachmittag gehe ich
mit meiner Tante shoppen."

Leserätsel

Was sind Klamotten?

T	Kleine Tiere, die Löcher in Pullover fressen
S	Lässige Bezeichnung für Kleider
P	Geklaute Kleidungsstücke

„Ich gehe shoppen" heißt:

E	Ich trinke ein Fläschchen.
R	Ich schlafe eine Runde.
C	Ich kaufe ein.

Wen findet Anna am besten?

I	Olli
H	Ali
K	Superman

Mias Onkel Max ist

- [O] Seiltänzer.
- [R] Bauchredner.
- [T] Pupsweltmeister.

Lucys Tante Mara arbeitet

- [EI] beim Fernsehen.
- [AU] bei der Zeitung.
- [AI] am Kiosk.

Die Buchstaben neben den richtigen Antworten ergeben ein Lösungswort:

Der letzte __ __ __ __ __ !

Ein Traum in Rosa?

„Wie siehst du denn aus!", ruft Anna,
als Lucy am nächsten Tag
zum Treffpunkt an der Eisdiele kommt.
Lucy hat einen rosa Tüllrock und
rosa Leggings an.
Außerdem noch rosa Glitzerschuhe.
„Ich finde das schick", sagt Lucy trotzig.
„Aber praktisch ist es nicht",
sagt Anna.

Doch Lucy lässt sich von ihrem
Modefimmel nicht so schnell abbringen.
Schließlich will sie mal Model werden.
Oder zum Fernsehen, wie Tante Mara.
Dann werden alle gucken.
Auch die, die jetzt Karla bewundern
oder über Annas Witze lachen.

Jeden Tag fällt Lucy etwas Neues ein.
Sie lackiert sich die Fingernägel pink.
Sie klebt Tattoo-Bilder auf Arme und
Bauch und färbt sich rosa Strähnchen
ins Haar.

„Jetzt spinnt sie voll", sagt Anna zu Mia.
Auch die Jungen lachen über Lucy.
„Die sieht aus wie die Barbie-Puppe
von meiner kleinen Schwester!", sagt Pit.
„Aufgebrezelt wie eine Zirkusprinzessin",
grinst Olli.
„Hast du auch ein rosa Tattoo am Po?",
fragt Anton frech.

Lucy dreht sich um und
kämpft mit den Tränen.
Da tut sie Anna leid.
Schließlich war Lucy mal ihre Freundin.
Damals, als sie noch kein Albtraum
in Pink war.

Anna versucht, mit Lucy zu reden.
Aber die ist störrisch.
Sie hat ihre rosa Glitzerwelt im Kopf
und sonst nichts.

Leserätsel

Was ist ein Tattoo?

- N Ein Feuerwehrauto
- M Eine Tätowierung
- F Ein Tasteninstrument

Was sind Leggings?

- A Kleine Legosteine
- U Junge Pinguine
- O Eng anliegende Hosen

Was ist bei Schweinchen, Himbeereis und Heckenrosen gleich?

- S Geruch
- H Geschmack
- D Farbe

50

Was ist ein Albtraum?

- [N] Ein rosa Traum
- [E] Ein böser Traum
- [F] Ein alberner Traum

Die Buchstaben neben den richtigen Antworten ergeben ein Lösungswort:

__ __ __ __

Löse das Kreuzworträtsel.

In den bunten Feldern ergibt sich ein Lösungswort: ZIRKUS

Lucy sieht rot

Da hat Anna eine Idee.
Die bespricht sie noch am gleichen Tag
mit den anderen.
„Wir beweisen Lucy,
dass es unter Freunden
nicht auf die Klamotten ankommt",
sagt Anna.
„Aber wie?", fragt Mia.

„Ganz einfach: indem wir uns alle
gleich anziehen", sagt Anna ernst.
Es dauert ein bisschen,
aber dann hat Anna alle überzeugt.
Auch die Jungen!
Karla spricht mit ihrem Trainer
vom Sportverein.
Der besorgt ganz billig 23 rote T-Shirts.
Annas Onkel Max spendiert 23 Buttons
mit dem Aufdruck „Klasse 2a".

Als Lucy am Montagmorgen
in ihren neuen rosa Klamotten
ins Klassenzimmer kommt, sieht sie rot!
Alle Kinder in der Klasse haben
rote T-Shirts an!
Einen Augenblick lang bleibt Lucy
wie erstarrt stehen.
Sie kommt sich wie ein Fremdkörper vor.

Zuerst will Lucy wegrennen.
Doch dann begreift sie die Botschaft.
Sie dreht sich um und sagt:
„Okay. Ich hab verstanden.
Es kommt nicht auf die Klamotten an.
Habt ihr auch so ein rotes Teil für mich?"
„Haben wir", sagt Anna und lächelt.
„Schließlich bist du eine von uns."

Infoseite

Kleider machen Leute

Kleider machen Leute! So heißt ein altes Sprichwort. Klar, dass man immer ordentlich angezogen sein soll. Aber findest du nicht, dass Lucy übertreibt? Sie rennt jeder Modeverrücktheit nach und neigt leider dazu, auch andere nur nach ihrem Äußeren zu beurteilen.

Manche Kinder in der Klasse 2a können sich nicht so oft neue Sachen kaufen. Das macht sie traurig. Vielleicht auch neidisch.

Das ist sicher auch ein Grund, warum es in vielen Ländern Schuluniformen gibt.

Auch bei uns gibt es Schulen oder Klassen, in denen freiwillig Schulkleidung getragen wird.

Vielleicht habt ihr ja auch Lust, ein Schul-Logo oder ein Klassen-T-Shirt zu entwerfen?

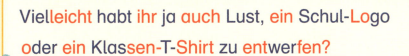

Lösungen

S. 42/43:

Klamotten sind eine lässige Bezeichnung für Kleider.

„Ich gehe shoppen" heißt: Ich kaufe ein.

Anna findet Ali am besten.

Mias Onkel Max ist Bauchredner.

Lucys Tante Mara arbeitet beim Fernsehen.

Das Lösungswort lautet: Der letzte SCHREI!

S. 50/51:

Ein Tattoo ist eine Tätowierung.

Leggings sind eng anliegende Hosen.

Schweinchen, Himbeereis und Heckenrosen haben die gleiche Farbe: Rosa.

Ein Albtraum ist ein böser Traum.

Das Lösungswort lautet: MODE.

M	Ü	T	Z	E	
K	L	E	I	D	
		R	O	C	K
J	A	C	K	E	
	S	C	H	U	H	E
		B	L	U	S	E

Das Lösungswort lautet: ZIRKUS.

Zwei Freundinnen auf dem Ponyhof

Eine Geschichte von Julia Boehme
mit Bildern von Heike Wiechmann

Der Ausritt

Laura und Sofie sind die besten Freundinnen. Vormittags gehen sie zusammen zur Schule. Und nachmittags sind sie, sooft es geht, auf dem Ponyhof.
Sie haben sogar gemeinsam Reitstunde. Und das, obwohl Laura noch gar nicht so lange reitet wie Sofie.
Heute ist es mal wieder so weit.
„Nimm die Zügel nicht zu straff, Laura. Ja, so ist gut!", ruft Frau Hauser.
Sie ist nicht nur die Reitlehrerin. Ihr gehört auch der Ponyhof.
„Ganze Abteilung: Trab!"

Laura, Sofie, Margarete, Tom und
Florian traben an. Die Pferderücken
gehen hoch und runter.
„Fühlt ihr den Rhythmus?",
fragt Frau Hauser. „Schön mitgehen.
Prima macht ihr das!"
Laura strahlt: Traben ist ihre
Lieblingsgangart.
Das ist noch schöner als Galopp.
Sie könnte ewig so weitermachen.

„Durchparieren zum Schritt!",
ruft Frau Hauser.
Langsam reiten sie hintereinander
auf dem Hufschlag.
„So, das war's für heute!"
Frau Hauser klatscht in die Hände.
„Tschüss, bis zum nächsten Mal!"
Schade, dass die Reitstunden
immer so schnell vorbei sind!
Laura tätschelt ihre Schimmelstute.

„Gut gemacht, Schneeflöckchen!",
lobt sie das Pony und steigt ab.
„Wann springen wir eigentlich mal
wieder?", fragt Margarete.
„Bald", antwortet Frau Hauser.
Margarete verzieht ihr Gesicht.
„Willst du nicht doch in die
Dienstagsgruppe?", zischt sie Laura
im Vorbeigehen zu. „Seit du hier bist,
machen wir immer nur Babykram!"

Diese blöde Margarete! Immer muss sie meckern! Und alles lässt sie an Laura aus. Wie gut, dass Sofie da ist.

„Wir gehen doch gleich noch Eis essen?", fragt Laura.

„Klar, wie immer", lacht Sofie.

Natürlich müssen erst noch die Ponys versorgt werden. Die beiden binden ihre Ponys im Hof fest und holen die Putzkästen. Sofie will ihrem Krümel gerade den Sattel abnehmen, als Margarete aufkreuzt.

„He, Sofie. Wie wär's mit einem Ausritt?
Meine große Schwester ist da und
nimmt uns mit!"
„Echt? Super!" Sofie strahlt.
„Kann ich auch mit?", fragt Laura.
„Du?" Margarete schüttelt den Kopf.
„Nee! Nachher müssen wir die ganze
Zeit Schritt reiten. Kommt überhaupt
nicht infrage!"

„Ach, lass sie doch", bittet Sofie.
Aber Margarete denkt nicht daran.
„Hanna kriegt die Krise, wenn so eine
Anfängerin mitkommt. Sei froh,
dass du mitdarfst!"
Dass Margarete immer so fies sein muss!
Sofie schluckt. Trotzdem: Einen Ausritt
will sie sich nicht entgehen lassen.
Schnell schnallt sie den Sattelgurt fest,
steigt auf und nickt Laura zu.

„Wir sehen uns dann morgen", murmelt sie.
Laura starrt sie entgeistert an. „Und was ist mit uns?"
„Wir können doch morgen Eis essen gehen", meint Sofie.
Margarete grinst. „Komm jetzt endlich! Wir wollen los!"
Und damit reiten die beiden zum Gatter.
Margaretes Schwester wartet schon auf sie.

Leserätsel

Trage in das Kreuzworträtsel die drei wichtigsten Pferdegangarten ein.

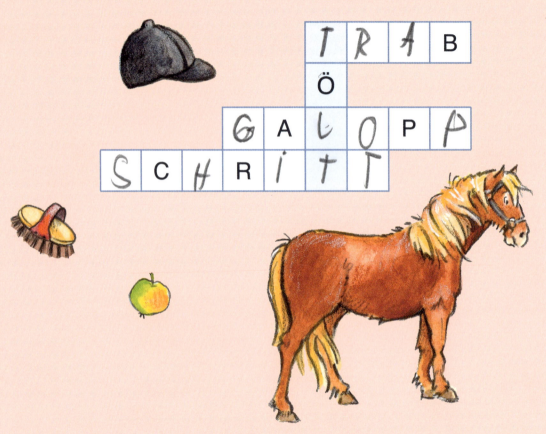

In den farbigen Feldern steht dann eine spezielle Gangart der Islandpferde.

TÖLT

Was stimmt? Kreuze die richtigen Sätze an:

- ☒ G Laura und Margarete sind Freundinnen.
- ☐ P Frau Hauser gehört der Ponyhof.
- ☒ A Margarete hat eine große Schwester.
- ☐ I Die Kinder reiten im Abteil.
- ☐ S Sofie darf mit ausreiten.
- ☒ N Sofies Pony heißt Schneeflöckchen.
- ☐ S Schneeflöckchen ist eine Stute.

Die Buchstaben der richtigen Sätze ergeben eine weitere Gangart:

G A N G

Eine böse Überraschung

Das darf doch nicht wahr sein!
Fassungslos schaut Laura den Mädchen hinterher. Wegen dieser blöden Zimtzicke lässt Sofie sie sitzen!
Eine schöne Freundin ist das!
Laura nimmt Schneeflöckchen den Sattel ab und beginnt, das Pony zu putzen.
„Ich hätte nie gedacht, dass Sofie so doof sein kann", sagt sie. „Du etwa?"
Schneeflöckchen schüttelt den Ponykopf.

Dann schnuppert sie an Lauras Tasche.
„Aber natürlich habe ich etwas für dich
dabei!", ruft Laura.
Schneeflöckchen schmatzt genüsslich,
als sie die Möhren- und Apfelstückchen
kaut. Lecker!
„So, fertig!" Laura klopft ihr den Hals.
„Komm, auf die Weide mit dir!"
Schneeflöckchen tollt ausgelassen über
die Wiese und begrüßt die anderen Ponys.
Laura seufzt. Was soll sie noch hier –
so allein?

Sie steigt auf ihr Rad und fährt nach Hause. Ob sie sich wenigstens ein Eis kaufen soll? Na klar! Warum soll sie leer ausgehen, nur weil Sofie sie sitzen lässt! Laura nimmt die Abkürzung über den Feldweg. Plötzlich kommt ihr in wildem Galopp ein Pony entgegen. Warum wechselt es nicht in den Schritt? Hat der Reiter sie nicht gesehen? Der spinnt wohl!

Laura macht eine Vollbremsung.
Moment mal! Es sitzt gar kein Reiter drauf!
Laura schnappt nach Luft. Das ist ja Krümel!
Und zwar ganz allein – ohne Sofie.
Laura springt vom Fahrrad. „Halt!", ruft sie
und streckt die Arme aus. Es ist nicht ohne,
sich einem galoppierenden Pony so
in den Weg zu stellen. Laura schluckt.
Was, wenn Krümel nicht stoppt?

75

Mutig bleibt Laura stehen, bereit,
im letzten Moment zur Seite zu springen.
Doch zum Glück wird Krümel langsamer.
„Ist ja gut! Ganz ruhig!", ruft Laura.
Wenige Meter vor ihr fällt Krümel in den
Schritt und trottet dann ruhig auf sie zu.
Laura fasst das Pony am Zügel.
„So ist es brav", murmelt sie und tätschelt
seinen Hals. „Was ist denn passiert?
Wo ist Sofie?"
Nur schade, dass Ponys nicht sprechen
können! Schnell tauscht Laura den
Fahrradhelm gegen den Reithelm und
schwingt sich in den Sattel.

„Los, wir müssen Sofie finden!"
Mit klopfendem Herzen reitet sie
den Feldweg entlang. Hoffentlich hat sich
Sofie nicht verletzt!
Da! Hinten am Waldrand kommt ihnen
Sofie entgegen. Zu Fuß und ganz allein.
Sie humpelt ein bisschen.
„Laura!", ruft sie erstaunt. „Was machst
du denn hier?"

„Na was wohl? Ich such dich!", sagt Laura.
„Was ist denn passiert?"
„Ein Eichhörnchen ist vor uns über den Weg geflitzt. Krümel hat sich vielleicht erschreckt! Zack, hat er mich abgeworfen und ist wie ein Irrer losgerast!"
„Und? Hast du dir wehgetan?",
fragt Laura besorgt.
Sofie reibt sich den Po. „Ein paar blaue Flecken werde ich schon haben. Aber sonst ist alles okay!"
Laura schaut sich um. „Wo steckt denn Margarete?"

„Die hatte keine Lust umzukehren. Sie hat gesagt, dass Krümel sicher nach Hause läuft. Und das könnte ich ja auch tun. Allein natürlich."
„Blöde Zicke!", zischt Laura.
Sofie nickt. „Du, es tut mir echt leid, dass ich …"
„Schon gut", unterbricht Laura sie schnell. „Übrigens, weißt du, was bei blauen Flecken am besten hilft?"
Sofie zuckt mit den Schultern.
„Eis!" Laura grinst. „Und am allerbesten hilft Stracciatella!"

Leserätsel

Was macht Laura, als Krümel auf sie zugaloppiert?

- [K] Sie versteckt sich im Graben.
- [N] Sie versperrt ihm den Weg.
- [M] Sie rast mit dem Fahrrad davon.

Was macht Laura dann mit Krümel?

- [A] Sie bringt ihn auf die Weide.
- [I] Sie reitet mit ihm nach Hause.
- [O] Sie sitzt auf und sucht Sofie.

Wieso hat sich Krümel erschreckt?

- [R] Ein Fuchs pupst.
- [U] Ein Eichhörnchen flitzt vorbei.
- [L] Ein Wildschwein grunzt.

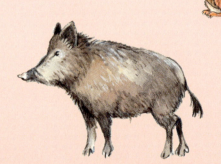

Wie hat sich Sofie wehgetan?

- [A] Sie hat nur ein paar Kratzer.
- [S] Ihr Fuß ist gebrochen.
- [G] Sie hat ein paar blaue Flecken.

Was macht Margarete?

- [G] Sie hilft Sofie, das Pony einzufangen.
- [A] Sie lässt Sofie allein nach Hause humpeln.
- [C] Sie reitet zusammen mit Sofie zurück.

Was hilft, laut Laura, bei blauen Flecken?

- [T] Eis
- [H] Salbe
- [A] Kalte Umschläge

Die richtigen Buchstaben ergeben noch eine Lieblingseissorte von Laura:

_Neis___-EIS

Lösungen

S. 70/71:

		Ö				
B	A	R	T			
		P	P	O	L	A	G
			T	T	I	R	H	C	S

Lösungswort: TÖLT

Frau Hauser gehört der Ponyhof.
Margarete hat eine große Schwester.
Sofie darf mit ausreiten.
Schneeflöckchen ist eine Stute.
Lösungswort: PASS

S. 80/81:

Laura versperrt Krümel den Weg.
Sie sitzt auf und sucht Sofie.
Ein Eichhörnchen flitzt vorbei.
Sofie hat ein paar blaue Flecken.
Margarete lässt Sofie allein nach Hause humpeln.
Eis hilft Laut Laura bei blauen Flecken.
Lösungswort: NOUGAT-EIS

84

Lesen lernen mit der Lesemaus

Liebe Eltern,

alle Kinder wollen lesen lernen. Sie sind von Natur aus wissbegierig. Diese Neugierde Ihres Kindes können Sie nutzen und das Lesenlernen frühzeitig fördern. Denn Lesen ist die Basiskompetenz für alles weitere Lernen. Aber Lesenlernen ist nicht immer einfach. Es ist wie mit dem Fahrradfahren: Man lernt es nur durch Üben – also durch Lesen.

Lesespaß mit Lesepass

Je regelmäßiger Ihr Kind übt, desto schneller und besser wird es das Lesen beherrschen. Eine schöne Motivation kann dabei ein Lesepass sein, den Sie zusammen mit Ihrem Kind basteln können.
Vereinbaren Sie mit ihm eine kleine Belohnung, die es für eine bestimmte Anzahl an Trainingsminuten gibt.
Eine Leseeinheit können zum Beispiel 10 Minuten sein. Für jede Leseeinheit gibt es einen Sammelpunkt – und nach einer zu vereinbarenden Anzahl von Punkten dann die kleine Belohnung.

Wie können Sie Ihr Kind beim Lesenlernen unterstützen?

Je positiver Kinder das Lesen erleben, desto motivierter sind sie, es selbst zu lernen. Versuchen Sie, Ihrem Kind ein Vorbild zu sein. Zeigen Sie Ihrem Kind, dass Lesen und Schreiben zum Alltag gehören. Etablieren Sie gemeinsame Leserituale. So erfährt Ihr Kind: Lesen macht Spaß!

Lesen Sie Ihrem Kind mindestens bis zum Ende der Grundschulzeit vor. Auch wenn Ihr Kind zunehmend eigenständig liest, bleibt das Vorlesen ein schönes und sinnvolles Ritual.

Lesen lernen mit der Lesemaus

Jedes Kind lernt unterschiedlich schnell lesen. Orientieren Sie sich bei der Auswahl von Erstlesebüchern daher an den Interessen und Lesefähigkeiten Ihres Kindes. Die Geschichten sollen Ihr Kind fordern, aber nicht überfordern. Die Lesemaus zum Lesenlernen bietet spannende und leicht verständliche Geschichten für Leseanfänger. Altersgerechte Illustrationen helfen, das Gelesene zu verstehen.

Mit lustigen Leserätseln können die Kinder ihre Lernerfolge spielerisch selbst überprüfen. Außerdem gibt es in jedem Band interessante Sachinfos für Jungen und Mädchen.

Ihnen und Ihrem Kind viel Spaß beim Lesen!

Lesenlernen mit Spaß

978-3-551-06638-1

978-3-551-06642-8

978-3-551-06645-9

978-3-551-06651-0

978-3-551-06654-1

978-3-551-06644-2

978-3-551-06646-6

978-3-551-06620-6

978-3-551-06649-7

978-3-551-06643-5

978-3-551-06650-3

CARLSEN
www.carlsen.de

Mit Conni

Noch mehr Lesespaß!

978-3-551-18960-8

978-3-551-18937-0

978-3-551-18792-5

978-3-551-18791-8

Mit der Schule der magischen Tiere

978-3-551-65592-9

978-3-551-65591-2

978-3-551-65593-6

Mit der Lesemaus

978-3-551-06641-1

978-3-551-06648-0

978-3-551-06652-7

978-3-551-06653-4

Mit Minecraft

978-3-551-06844-6

978-3-551-06845-3

978-3-551-06846-0

978-3-551-06847-7

978-3-551-06848-4

Die **LESEMAUS** ist eine eingetragene Marke des Carlsen Verlags.

Sonderausgabe im Sammelband
© 2021 Carlsen Verlag GmbH, Völckersstraße 14–20, 22765 Hamburg
ISBN: 978-3-551-06653-4
Umschlagillustration: Karin Schliehe und Bernhard Mark
Vorsatz: Heike Wiechmann
Illustration der Lesemaus: Hildegard Müller
Umschlagkonzeption: Gunta Lauck
Lektorat: Constanze Steindamm
Satz: Karin Kröll
Lithografie: ReproTechnik Fromme, Hamburg

Paula und Nele halten zusammen
© Carlsen Verlag GmbH, Hamburg 2005

Alles, nur nicht Pink!
© Carlsen Verlag GmbH, Hamburg 2013

Zwei Freundinnen auf dem Ponyhof
© Carlsen Verlag GmbH, Hamburg 2007

Alle Bücher im Internet: www.lesemaus.de
Newsletter mit tollen Lesetipps kostenlos per E-Mail: www.carlsen.de